Jess Puthenpurackal

Die Europäische Zentralbank: Grundlagen, Struktur, Geldpolitik

GRIN Verlag

Bibliografische Information der Deutschen Nationalbibliothek:

Die Deutsche Bibliothek verzeichnet diese Publikation in der Deutschen National-
bibliografie; detaillierte bibliografische Daten sind im Internet über http://dnb.d-
nb.de/ abrufbar.

Dieses Werk sowie alle darin enthaltenen einzelnen Beiträge und Abbildungen
sind urheberrechtlich geschützt. Jede Verwertung, die nicht ausdrücklich vom
Urheberrechtsschutz zugelassen ist, bedarf der vorherigen Zustimmung des Verla-
ges. Das gilt insbesondere für Vervielfältigungen, Bearbeitungen, Übersetzungen,
Mikroverfilmungen, Auswertungen durch Datenbanken und für die Einspeicherung
und Verarbeitung in elektronische Systeme. Alle Rechte, auch die des auszugsweisen
Nachdrucks, der fotomechanischen Wiedergabe (einschließlich Mikrokopie) sowie
der Auswertung durch Datenbanken oder ähnliche Einrichtungen, vorbehalten.

Impressum:

Copyright © 2008 GRIN Verlag GmbH
Druck und Bindung: Books on Demand GmbH, Norderstedt Germany
ISBN: 978-3-640-28486-3

Dieses Buch bei GRIN:

http://www.grin.com/de/e-book/122846/die-europaeische-zentralbank-grundlagen-
struktur-geldpolitik

GRIN - Your knowledge has value

Der GRIN Verlag publiziert seit 1998 wissenschaftliche Arbeiten von Studenten, Hochschullehrern und anderen Akademikern als eBook und gedrucktes Buch. Die Verlagswebsite www.grin.com ist die ideale Plattform zur Veröffentlichung von Hausarbeiten, Abschlussarbeiten, wissenschaftlichen Aufsätzen, Dissertationen und Fachbüchern.

Besuchen Sie uns im Internet:

http://www.grin.com/

http://www.facebook.com/grincom

http://www.twitter.com/grin_com

Fachhochschule für Oekonomie & Management
Duisburg

Berufsbegleitender Studiengang zum

Diplom Kaufmann (FH)

Wintersemester 2007/2008

Seminararbeit im Wahlpflichtfach
Internationales Wirtschaftsrecht

Die Europäische Zentralbank

Autor: Jess Puthenpurackal

Duisburg, den 15.01.2008

Inhaltsverzeichnis

Abbildungsverzeichnis und Tabellenverzeichnis

Abkürzungsverzeichnis

Ecofin	Economy and Finance
EG	Europäische Gemeinschaft
EU	Europäische Union
ESZB	Europäische System der Zentralbanken
EZB	Europäische System der Zentralbanken
NZB	Nationale System der Zentralbanken
WWU	Wirtschafts- und Währungsunion

1 Einführung

Am 1. Januar 1999 wurden die Kompetenzen zur Durchführung einer einheitlichen Geldpolitik im Euro-Währungsraum von den damals teilnehmenden 11 Mitgliedsstaaten auf die Europäische Zentralbank übertragen. Die Determination und Ausübung der gemeinsamen Geldpolitik ist somit einer der zentralen Aufgaben der EZB mit deren Hilfe sie das Primat der Sicherung der Preisstabilität gewährleisten soll.[1] Die EZB hat bis heute sowohl geldpolitisch als auch wirtschaftspolitisch eine signifikante Rolle im europäischen Wirtschaftsgeschehen inne.

Jedoch bringen der Prozess der europäischen Integration und die zunehmende Verflechtung der internationalen Kapitalmärkte neue Herausforderungen für den institutionellen und geldpolitischen Rahmen der EZB mit sich. Diesen muss sie sich sukzessive anpassen, um ihre effiziente Funktionsfähigkeit zu wahren.

Die vorliegende Seminararbeit wird dem Leser deshalb einen umfassen Einblick in die rechtlichen, institutionellen und geldpolitischen Hintergründe der EZB gewähren:

Im folgenden Kapitel werden die rechtlichen Grundlagen der EZB und ihre Leitbilder aufgezeigt werden. Dabei wird dem Aspekt der Unabhängigkeit ein eigener Abschnitt gewidmet, um die Bedeutung dieses Prinzips zu akzentuieren.

Das dritte Kapitel befasst sich mit der Struktur des Europäischen Systems der Zentralbanken und erläutert in diesem Zusammenhang insbesondere die Organisation ihres zentralen Administrativ- und Exekutivorgans, nämlich der EZB. Anschließend werden die Aufgaben und Ziele der EZB beschrieben werden.

Im vierten Kapitel wird die Verknüpfung der „Zwei-Säulen-Strategie" der EZB mit ihren geldpolitischen Instrumenten dargestellt.

Das letzte Kapitel beinhaltet eine zusammenfassende Conclusio des Autors zur vorliegenden Seminararbeit.

---

[1] Vgl. Weidenfeld, W.(2000), S.31.

2   Grundlagen

2.1   Rechtliche Rahmenbedingungen

Das rechtliche Korsett der ESZB bilden primär die rechtlichen Bestimmungen des „Vertrages über die Europäische Union" und die „Satzung des Europäischen Systems der Zentralbanken".

Nach dem „Vertrag über die Europäische Union", der im November 1993 in Kraft tat, begaben sich am 1. Januar 1999 ursprünglich 11 EU-Mitgliedsstaaten in die dritte Stufe der Wirtschafts- und Währungsunion. Die signifikanteste Änderung, mit dem Eintritt in die dritte Stufe, war die unwiderrufliche Festlegung der Wechselkurse der teilnehmenden Staaten untereinander und zur Gemeinschaftswährung. Zudem mussten die teilnehmenden Staaten die Bestimmungen der rechtlichen Rahmenbedingungen für den Gebrauch des Euros akzeptieren.[2]

Als weiteren zentralen Aspekt sah der „Vertrag von Maastricht" die Errichtung der ESZB vor. Die Umsetzung erfolgte am 1. Juni 1998 mit der Ernennung des Direktoriums.[3] Letztendlich wurde die einheitliche Geldpolitik des Eurosystems am 1.Januar 1999 auf die EZB übertragen.[4]

Der Artikel 7 des Europäischen Gemeinschaftsvertrages zeigt die rechtliche Stellung der EZB innerhalb der Europäischen Gemeinschaft. Sie gehört nicht zu den fünf Organisationen der EG, sondern wird nur als Institution der Europäischen Gemeinschaft definiert.[5]

Hinsichtlich des Leitbildes der EZB sind insbesondere folgende Grundsätze zu nennen:[6]

---

[2]Vgl. Görgens, E. (2004), S.6 ff.
[3] Vgl. Duwendag, D. et al. (1999), S.8.
[4] Vgl. Schmid, P. und Reischle, J. (2004), S. 50.
[5] Vgl. Art 7 des Vertrages über die Europäische Union.
[6] Vgl. EZB (2004), S.52.

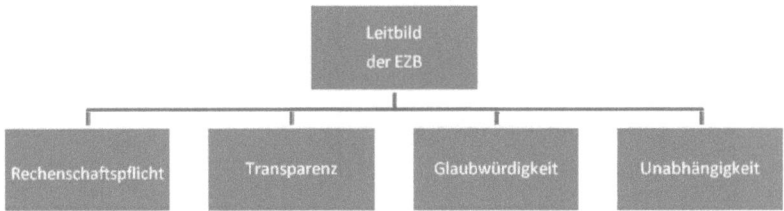

Abbildung 1: Leitbild der EZB

Die Rechenschaftspflicht dient als Gegengewicht zur Unabhängigkeit der ESZB. Aufgrund der Einhaltung der Legitimität, müssen folglich die von der Zentralbank im Rahmen ihres Auftrags durchgeführten Maßnahmen von demokratischen Institutionen und der Öffentlichkeit kontrolliert werden können.[7] In diesem Zusammenhang definiert der Artikel 15 der ESZB-Satzung detailiert die Berichts- bzw. Rechenschaftspflichten der ESZB. Demnach soll die EZB sowohl vierteljährlich einen Bericht über die Tätigkeit des Eurosystems als auch wöchentlich einen konsolidierten Ausweis publizieren. Außerdem hat sie einen Jahresbericht über ihre Tätigkeit und über die Geld- und Währungspolitik im vergangenen und im laufenden Jahr zu verfassen. Der Jahresbericht ist anschließend dem Europäischen Parlament, dem EU-Rat, der Europäischen Kommission und dem Europäischen Rat vorzulegen.[8]

Der Grundsätze der Transparenz und der Glaubwürdigkeit stehen in einem interdependenten Verhältnis zum Prinzip der Rechenschaftspflicht. Demnach ist die EZB dazu verpflichtet, der Öffentlichkeit und den Märkten alle essentiellen Informationen über ihre Strategie, ihre Prognosen und ihre geldpolitischen Entscheidungen bzw. Verfahren offen, eindeutig und umgehend zur Verfügung zu stellen. Dadurch trägt die Transparenz dazu bei, die Geldpolitik der EZB glaubwürdiger und effektiver der Öffentlichkeit zu kommunizieren. Transparenz und Glaubwürdigkeit bezwecken somit, dass die EZB glaubwürdig aufzeigt, wie sie ihren geldpolitischen Auftrag erfüllen will und welche monetären Ziele sie verfolgt.[9]

---

[7] Vgl.EZB (2004), S. 13.
[8] Vgl. Art. 15 der Satzung der ESZB.
[9] Vgl. EZB (2004), S. 70 ff.

Der Grundsatz der Unabhängigkeit wird aufgrund seiner Signifikanz in einen separaten Abschnitt erläutert werden.

2.2 Unabhängigkeit der EZB

Die Unabhängigkeit der EZB ist ein essentieller Pfeiler für die Erwartung, dass das vorrangige Ziel der Preisstabilität erreicht werden kann. Um dieses Prinzip besonders zu akzentuieren wurde die Unabhängigkeit im EG-Vertrag und in der EZB-Satzung manifestiert.[10] Als Referenzmodell diente vor allem das Statut der Deutschen Bundesbank, das durch eine weitgehende, politische und ökonomische Unabhängigkeit die unmittelbare Beeinflussung durch Politik und Interessensverbände ausschließt.[11] Die nachfolgenden Aspekte der Unabhängigkeit gelten aufgrund der Bestimmungen im EG-Vertrag und der EZB-Satzung auch für die NZB.[12]

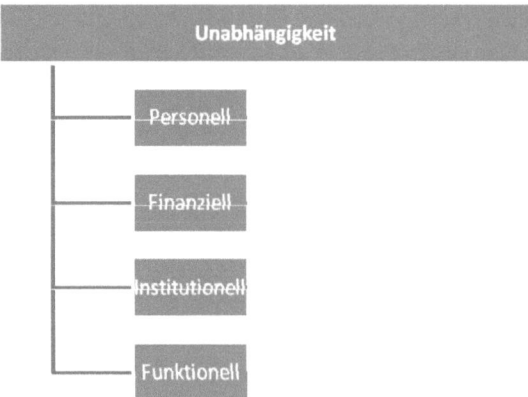

Abbildung 2: Unabhängigkeit der EZB

---

[10] Vgl. Art. 107 des Vertrages über die Europäische Union; Art. 7 der Satzung der ESZB.
[11] Vgl. Hahn F., Mooslechner P. (1999), S.49.
[12] Vgl. Art.8 des Vertrages über die Europäische Union.

2.2.1 Personelle Unabhängigkeit

Ein Mitglied des EZB-Rates kann nur unter besonderen Umständen seines Amtes enthoben werden. Demnach muss das Mitglied „die Voraussetzung für die Ausübung eines Amtes nicht mehr erfüllen oder eine schwere Verfehlung begangen haben".[13] Die Entlassung kann nur durch den Europäischen Gerichtshof auf Antrag des EZB-Rates oder des Direktoriums erfolgen. Das Mitglied des EZB-Rates kann gegen seine Entlassung vor dem Europäischen Gerichtshof klagen. Durch die vergleichsweise lange Amtszeit der Mitglieder des EZB-Direktoriums von acht Jahren, soll zudem deren unabhängiges Handeln gewährleistet werden. Die Amtszeit des Präsidenten der NZB muss mindestens fünf Jahre betragen.[14]

2.2.2 Finanzielle Unabhängigkeit

Die finanzielle Unabhängigkeit der EZB ist vor allem dadurch gesichert, dass keine Kredite an Organe oder Eirichtungen der EG, Zentralregierungen, regionale oder lokale Gebietskörperschaften oder andere öffentliche Stellen vergeben werden dürfen. Außerdem ist die EZB von den NZB mit Kapital und Währungsreserven ausgestattet, über die sie uneingeschränkt verfügen kann.[15]

2.2.3 Institutionelle Unabhängigkeit

Dieser Aspekt der Unabhängigkeit bezieht sich auf die rechtliche Einordnung der EZB als unabhängige und selbständige Institution innerhalb der EG. Die Unabhängigkeit wird dahingehend weiter verstärkt, dass die EZB eine eigene Rechtspersönlichkeit besitzt.[16] Ein weiterer zentraler Aspekt ist, dass die EZB und die NZB bei der Wahrnehmung ihrer Aufgaben keine Weisungen von nationalen oder gemeinschaftlichen Instan-

---

[13] Vgl. Art 11.4. der Satzung der ESZB.
[14] Vgl. Liebscher, K. (1999), S.80.
[15] Vgl. Liebscher, K. (1999), S.80.
[16] Vgl. Art. 106.2. des Vertrages über die Europäische Union.

zen einholen oder entgegennehmen dürfen. Die Staats- und Regierungschefs besitzen kein Entscheidungsrecht.[17]

Trotz ihrer institutionellen Unabhängigkeit kann sich die EZB der demokratischen Legitimation im Mantel der europäischen Gemeinschaft nicht verwehren. So unterliegt sie der Kontrolle des Europäischen Gerichtshofes und muss bestimmte Rechenschaftspflichten einhalten.[18]

2.2.4 Funktionelle Unabhängigkeit

Das primäre Ziel der EZB ist die Preisstabilität. Erst nachrangig unterstützt die EZB die allgemeine Wirtschaftspolitik. Dadurch darf die EZB jedoch nicht die Geldwertstabilität gefährden. Auch in der Festlegung bzw. Auswahl ihrer geldpolitischen Strategie und ihrer Instrumentarien ist sie unabhängig.[19] Während die Geldpolitik explizit dem ESZB zugeordnet wird, liegt die Festlegung der Wechselkurspolitik beim Ecofin-Rat. Diese Festlegungen unterliegen jedoch den allgemeinen Bestimmungen des Artikels 3a des „EG-Vertrages", wonach sowohl die Geld- als auch die Wechselkurspolitik des Eurogebietes dem vorrangigen Ziel der Preisstabilität verpflichtet sein müssen. Folglich bleibt i.e.S. die Unabhängigkeit der ESZB auch in diesem Aspekt gewährleistet.[20]

---

[17] Vgl. Art.7 der Satzung der ESZB.
[18] Vgl. Smits, R. (1997), S.155.
[19] Vgl. Art. 17-24 der Satzung der ESZB.
[20] Vgl. Liebscher, K. (1999), S.92 ff.

3   Struktur des ESZB

Das Europäische System der Zentralbanken besteht aus der EZB mit Sitz in Frankfurt am Main und den nationalen Zentralbanken aller EU-Mitgliedsstaaten.[21] Wohingegen das Eurosystem die EZB und den NZB aller 15 teilnehmenden Mitgliedsstaaten umfasst, die die Gemeinschaftswährung eingeführt haben. Die NZB sind integraler Bestandteil des ESZB und folgen somit den Leitlinien und Weisungen der EZB, die als Exekutivorgan des ESZB fungiert.[22] Als Organ der EU muss das ESZB nach den Prinzipien des Gemeinschaftsrechts handeln.[23]

---

[21] Vgl. Artikel 106 des Vertrages über die Europäische Union.

[22] Vgl. Artikel 14.3. der Satzung der ESZB.

[23] Vgl. Smits, R.(1997), S.93.

Quelle: Entnommen aus: www.ecb.int.

Abbildung 3: Das Eurosystem - Das ESZB

Zudem unterliegt das ESZB dem Dezentralitätsprinzip. Daher sind die NZB der EZB nur funktional und nicht rechtlich untergeordnet. Die Durchführung der Geschäfte liegt dabei bei den NZB, soweit dies möglich und sachgerecht ist. Diese Geschäfte werden von den NZB in eigener Verantwortung und in eigener Rechnung vollzogen und gelten nicht als Aufgaben des ESZB.[24] Somit agieren die NZB einerseits als operativer Arm und andererseits als nationale Institutionen.

Im Gegensatz zur EZB und den nationalen Zentralbanken hat das ESZB keine eigene Rechtspersönlichkeit.[25] Folglich wird sie von ihrem Beschlussorgan, der EZB durch den EZB-Rat und dem Direktoriums, geleitet.[26]

---

[24] Vgl. Art. 14.4. der Satzung der ESZB.
[25] Vgl. Görgens, E. et al. (2004), S. 63.
[26] Vgl. Art. 106 des Vertrages über die Europäische Union.

3.1   Zusammensetzung der EZB

3.1.1   Das Direktorium

Das EZB-Direktorium ist als zentrales Administrativ- und Exekutivorgan zu betrachten. Es setzt sich zusammen aus dem Präsidenten, dem Vizepräsidenten sowie vier weiteren Mitgliedern. Die Mitglieder des Direktoriums werden von den Rats- und Regierungschefs der Teilnehmerstaaten auf Empfehlung der Wirtschafts- und Finanzminister sowie nach Anhörung der im Europäischen Parlament ausgewählt. Ihre Amtszeit beträgt acht Jahre, eine Wiederberufung ist nicht möglich.[27] Für die erstmalige Besetzung des Direktoriums waren unterschiedliche Amtszeiten vorgesehen. Hinzu kommt, dass im Sinne der Kontinuität nicht das gesamte Direktorium gleichzeitig ersetzt werden kann.[28]

Hauptaufgabe des Direktoriums ist es, die geldpolitischen Entscheidungen des EZB-Rates vorzubereiten und auszuführen. Hierzu erteilt das Direktorium den nationalen Notenbanken auf Basis der Entscheidungen des EZB-Rates Weisungen.[29] Zudem führt es die laufenden Geschäfte der EZB aus.[30]

Bei der Beschlussfassung folgt das Direktorium dem Prinzip der einfachen Mehrheit der abgegebenen Stimmen. Im Fall der Stimmengleichheit entscheidet die Stimme des Präsidenten.[31]

3.1.2   Der EZB-Rat

Der EZB-Rat legt die Geldpolitik der ESZB fest. Desweiteren kann der EZB-Rat Leitlinien und Beschlüssen verabschieden, um die Einhaltung der Aufgaben und Ziele des Eurosystems zu gewährleisten

---

[27] Vgl. 109a 2. des Vertrages über die Europäische Union.
[28] Vgl. Smits, R. (1997), S.96.
[29] Vgl. Art. 12.1. der Satzung der ESZB.
[30] Vgl. Art. 11.6. der Satzung der ESZB.
[31] Vgl. Art. 11.5. der Satzung der ESZB.

Das Gremium besteht aus den Mitgliedern des Direktoriums und den Präsidenten der NZB.[32] Jedes Mitglied hat in der Regel eine Stimme und in Abstimmungsverfahren gilt das Prinzip der einfachen Mehrheit. Bei Stimmengleichheit gibt auch hier die Stimme des Präsidenten den Ausschlag. Bei Beschlüssen, die die Einbringung des Kapitals der EZB, die Übertragung von Währungsreserven von den NZB auf die EZB oder die Verteilung des Gewinns auch die Anteilseigner betreffen, ist im EZB-Rat eine Stimmengewichtung nach den Anteilen der NZB am gezeichneten Kapital der EZB vorgesehen. Dabei werden die Stimmen der Mitglieder des Direktoriums nicht berücksichtigt.[33]

Damit der EZB auch im Falle eines deutlich erweiterten Eurosystems noch in der Lage ist Entscheidungen effizient und rechtzeitig zu treffen, wurde das Abstimmungsverfahren angepasst. Demnach dürfen nur maximal 15 Präsidenten der NZB stimmberechtigt sein. Das entspricht der aktuellen Anzahl der Mitglieder im Eurosystem. Wird diese Anzahl überstiegen, üben die Präsidenten der NZB dann ihr Stimmrecht auf Basis eines Rotationssystems aus.[34]

3.1.3   Der erweiterte Rat der EZB

Der erweiterte Rat dient als betrachtendes Organ, solange nicht alle Mitgliedsstaaten der EU der Währungsunion beigetreten sind. Er setzt sich aus dem Präsidenten, dem Vizepräsidenten der EZB und den Präsidenten der NZB aller 27 EU-Staaten zusammen.[35]

Der erweiterte Rat koordiniert die Geld- und Währungspolitik, hat dabei jedoch keine geldpolitischen Befugnisse. Zudem dient der Rat als Forum, um die Konvergenzfortschritte der Mitglieder aufzuzeigen. Es ist für die Leitkursfestsetzung und die Deviseninterventionen im Rahmen des Wechselkursmechanismus zuständig.[36]

---

[32] Art. 109a des Vertrages über die Europäische Union.
[33] Art10.3. der Satzung der ESZB.
[34] Vgl. Schmid, P. und Reischle, J. (2004), S. 54.
[35] Art. 12.1. der Satzung der ESZB.
[36] Art. 44-47 der Satzung der ESZB.

3.2   Aufgaben und Ziele des ESZB

Zu Beginn des „Vertrages über die Europäische Union" legt die Gemeinschaft unter anderem folgende Grundsätze fest: „ Aufgabe der Gemeinschaft ist es, durch die Einrichtung eines Gemeinsamen Marktes und einer Wirtschafts- und Währungsunion sowie durch die Durchführung der in den Artikeln 3 und 3a genannten gemeinsamen Politiken oder Maßnahmen eine harmonische und ausgewogene Entwicklung des Wirtschaftslebens innerhalb der Gemeinschaft, ein beständiges, nichtinflationäres und umweltverträgliches Wachstum einen hohen Grad an Konvergenz der Wirtschaftsleistung, ein hohes Beschäftigungsniveau, ein hohes Maß an sozialem Schutz, die Hebung der Lebenshaltung und der Lebensqualität, den wirtschaftlichen und sozialen Zusammenhalt und die Solidarität zwischen den Mitgliedsstaaten zu fördern."[37]

Im Artikel 3a heißt es wiederum : „Parallel dazu umfasst diese Tätigkeit nach Maßgabe diese Vertrages und der darin vorgesehenen Zeitfolge und Verfahren die unwiderruflichen Festlegung des Wechselkurse im Hinblick auf die Einführung einer einheitlichen Währung, des ECU, sowie die Festlegung und Durchführung einer einheitlichen Geld- und Wechselpolitik, die beide vorrangig das Ziel der Preisstabilität verfolgen und unbeschadet dieses Zieles die allgemeine Wirtschaftspolitik in der Gemeinschaft unter Beachtung des Grundsatzes einer offenen Marktwirtschaft mit freien Wettbewerb unterstützen sollen."[38]

Daraus leitet sich das Ziel der EZB ab, die Wirtschaft so mit Geld zu versorgen, dass ein spannungsfreies Wirtschaftswachstum bei stabilem Preisniveau ermöglicht wird.[39] Dabei wird unter Preisniveaustabilität ein durchschnittliches Wachstum der Preise im Eurosystem von mittelfristig unter 2% angesehen. Die Inflationsrate wird an einem harmonisierten Verbraucherpreisindex für das Euro-Währungsgebiet gemessen.[40]

Die essentiellen Aufgaben des ESZB bestehen in:[41]

---

[37] Art. 2 des Vertrages über die Europäische Union.
[38] Art. 3a des Vertrages über die Europäische Union.
[39] Art. 105.1. der Satzung der ESZB.
[40] Vgl. EZB (2004), S.53.
[41] Vgl. Art. 105.2. des Vertrages über die Europäische Union; Art.3-5 der Satzung der ESZB.

- Der Festlegung und Ausführung der Geldpolitik der Gemeinschaft

- Der Durchführung von Devisengeschäften

- Der Haltung und Verwahrung der offiziellen Währungsreserven der Mitgliedsstaaten

- Der Förderung des reibungslosen Funktionierens der Zahlungssysteme

Eine weitere Aufgabe besteht in der Beratungsfunktion der EZB bezüglich der in ihren Zuständigkeitsbereich fallenden Fragen. Dies soll zu einer reibungslosen Durchführung, der von den zuständigen Behörden ergriffenen Maßnahmen führen.[42]

Außerdem hat die EZB das ausschließliche Recht, die Ausgabe von Banknoten innerhalb der Gemeinschaft zu genehmigen. Das Ausgaberecht von Münzen (Münzregal) liegt jedoch bei den Mitgliedsstaaten.[43]

---

[42] Art. 105.4. des Vertrages über die Europäische Union.
[43] Art. 105a des Vertrages über die Europäische Union; Art. 16 der Satzung der ESZB.

4 Geldpolitik der EZB

4.1 Geldpolitische Strategie der EZB

Die Leitlinie der geldpolitischen Ausrichtung der EZB stellt die „Zwei-Säulenstrategie" dar. Sie besteht aus der Geldmengenorientierung und einem Bündel aus Wirtschafts- und Finanzindikatoren.[44]

Im Rahmen der ersten Säule wird von der EZB einmal jährlich ein Referenzwert für das Wachstum der Geldmenge veröffentlicht. Daher steht die Erkenntnis, dass Inflation auf mittlere bis längerer Sicht ein monetäres Phänomen ist. Inflation ist also nur dann mög- lich, wenn das Wachstum der Geldmenge nicht mit dem Wachstum des Güterangebotes im Einklang steht. Im Umkehrschluss bedeutet dies, dass Inflation nur durch eine kon- sequente Kontrolle des Geldmengenwachstums verhindert werden kann.[45]

Um das Wachstum der Geldmenge zu operationalisieren fokussiert sich die EZB auf das Geldmengenaggregat M3. In dieser statistischen Größe sind Bargeld sowie Einlagen und Wertpapiere mit einer Laufzeit bzw. Kündigungsfrist von bis zu zwei Jahren enthal- ten.[46]

Die zweite Säule besteht aus einem breiten Spektrum an Indikatoren, die kurzfristig Hinweise auf inflationäre Tendenzen geben sollen. Dazu zählen Finanzmarktdaten wie beispielsweise Geldmarktsätze und realwirtschaftliche Daten.[47]

Ein essentieller Bestandteil der geldpolitischen Strategie der EZB ist die Kommunikati- on der Entscheidungen und ihrer Hintergründe gegenüber der Öffentlichkeit. Die da- durch erzielte Transparenz ermöglicht den Marktteilnehmern eine gewisse Planbarkeit der geldpolitischen Entscheidungen. Auf diese Weise wird das Vertrauen in die EZB gestärkt und ihre Reputation erhöht. Deshalb gibt die EZB ihre geldpolitischen Ent-

---

[44] Vgl. Duisenberg, W.(1999).
[45] Vgl. http://www.capital.de/unternehmen/100003714.html?nv=smart.
[46] Vgl. Buscher, H. et al. (2000), S.266.
[47] Vgl. Duisenberg, W. (1999).

scheidungen regelmäßig bekannt und erläutert auch die Beweggründe, die zu diesen Entscheidungen geführt haben.[48]

4.2 Geldpolitische Instrumente

4.2.1 Offenmarktgeschäfte

Offenmarktgeschäfte stehen im Mittelpunkt der Geldpolitik des ESZB. Mit ihnen wird die laufende Steuerung der Zinssätze und der Liquidität am Geldmarkt vorgenommen. Im Gegensatz zu dem geldpolitischen Instrument der „Ständigen Fazilitäten"(siehe 4.3.2) werden sie nicht auf Initiative der Geschäftspartner in Anspruch genommen, sondern auf Initiative der EZB. Sie entscheidet jeweils über das einzusetzende Instrument und über die Konditionen für die Durchführung der Geschäfte. Der Zinssatz bewegt sich jeweils zwischen den Eckwerten der ständigen Fazilitäten. [49]

Das ESZB verfügt jeweils über verschiedene Arten von Instrumenten zur Durchführung von Offenmarktgeschäften:[50]

> ➢ Befristete Transaktionen

> ➢ Definitive Käufe und Verkäufe von Wertpapieren

> ➢ Emission von Schuldverschreibungen

> ➢ Devisenswapgeschäfte

> ➢ Hereinnahme von Termineinlagen

Im Hinblick auf Zielsetzung, dem Rhythmus und den Verfahren können die Offenmarktgeschäfte des ESZB in vier unterschiedliche Kategorien differenziert werden:[51]

> ➢ Hauptrefinanzierungsgeschäfte

---

[48] Vgl. Görgens, E. et al.(2004), S.332.
[49] Vgl. EZB (2004), S.77.
[50] Vgl. Lippens, W. (2000), S.117.
[51] Vgl. Volmer, U. (2004), S.153.

➢ Längerfristige Refinanzierungsgeschäfte

➢ Feinsteuerungsoperationen

➢ Strukturelle Operationen

Wichtigstes Instrument zur Liquiditätsbereitstellung bzw. –abschöpfung sind die befristeten Transaktionen. Ihre rechtliche Ausgestaltung kann in einem Pensionsgeschäft oder in einem Kredit gegen Verpfändung von refinanzierungsfähigen Sicherheiten bestehen.

Das Pensionsgeschäft erfolgt durch einen Ankauf von refinanzierungsfähigen Sicherheiten durch die ESZB, das auch Eigentümer der der Sicherheit wird. Bei der zweiten Ausgestaltung verpfändet der Geschäftspartner Vermögenswerte, die sich im Sicherheitenpool der EZB befinden. Unter der Annahme, dass der Geschäftspartner seine Verpflichtungen erfüllt, verbleibt das Eigentum an den Vermögenswerten beim Geschäftspartner.[52]

Die Hauptrefinanzierungsgeschäfte haben eine Laufzeit von einer Woche und werden wöchentlich dezentral von den NZB im Rahmen von Standardtendern durchgeführt. Über dieses liquiditätszuführende Instrument stellt das ESZB dem Finanzsektor den größten Teil des Refinanzierungsvolumens zur Verfügung. Dabei kommt den Hauptrefinanzierungsgeschäften bei der Steuerung der Zinssätze und der Liquiditätssituation am Geldmarkt eine geldpolitische Schlüsselstellung zu. Durch ihre Entscheidungen signalisiert die EZB den Marktteilnehmern somit ihren geldpolitischen Kurs.[53]

Längerfristige Refinanzierungsgeschäfte haben eine Laufzeit von drei Monaten und werden im monatlichen Abstand dezentral von den NZB abgewickelt. Diese liquiditätszuführenden Geschäfte werden auch als Basistender bezeichnet, das den Geschäftspartnern langfristig Liquidität zur Verfügung stellen soll. Da die langfristigen Refinanzierungsgeschäfte nur einen begrenzten Teil des gesamten Refinanzierungsvolumens repräsentieren, haben sie keine Funktion um Zinssignale zu geben. Deshalb werden sie nur im Rahmen des Zinstenders ausgeschrieben, wobei die NZB nur als Preisnehmer auftreten.[54]

---

[52] Vgl. Görgens, E. et al. (2004),S.212.
[53] Vgl. Volmer, U.(2004), S.154.
[54] Vgl. EZB(2004), S.78.

Feinsteuerungsoperationen werden ggf. zur Steuerung der Marktliquidität und der Zinssätze am Geldmarkt durchgeführt. Mit ihnen kann Liquidität zugeführt oder absorbiert werden. Insbesondere sollen Feinsteuerungsoperationen die Auswirkungen unerwarteter marktmäßiger Liquiditätsschwankungen auf die Zinssätze ausgleichen. Die Feinsteuerung erfolgt in erster Linie durch befristete Transaktionen, ggf. kann sie jedoch auch in Form von definitiven Käufen bzw. Verkäufen von Wertpapieren, Devisenswapgeschäften und der Hereinnahme von Termineinlagen. Da sie meist flexibel durchgeführt werden müssen, werden sie als Schnelltender (Zuteilung innerhalb einer Stunde) oder als bilaterales Geschäft ohne Tenderverfahren abgewickelt.[55]

Mit strukturellen Operationen besteht dem ESZB die Möglichkeit durch die Emission von Schuldverschreibungen, durch befristete Transaktionen oder definitiven Käufen bzw. Verkäufen die strukturelle Liquidität des Bankensystems zu beeinflussen. Die NZB wickeln die strukturellen Operationen dezentral im Standardtender oder in bilateralen Geschäften ab. Ihre Laufzeit ist nicht standardisiert.[56]

Definitive Käufe bzw. Verkäufe sind Geschäfte, bei denen das ESZB refinanzierungsfähige Aktiva endgültig am Markt kauft oder verkauft. Sie werden zur Beeinflussung struktureller Liquidität und zur Feinsteuerung verwendet und unregelmäßig i.d.R. als bilaterale Geschäfte abgewickelt.[57]

Die Emission von Schuldverschreibungen wird begeben, um die strukturelle Position des ESZB gegenüber dem Finanzsektor so zu beeinflussen, dass am Markt ein Liquiditätsbedarf herbeigeführt oder vergrößert wird. Sie wirken also liquiditätsabsorbierend.

Devisenswaps sind Geschäfte, bei denen das ESZB gleichzeitig eine Kassa- und eine Termintransaktion in Euro gegen Fremdwährung durchführt. Diese Geschäfte dienen hauptsächlich zur Feinsteuerung.

Als weiteres Mittel steht dem ESZB die Hereinnahme verzinslichen Termineinlagen zur Verfügung. Sie werden zur Feinsteuerung eingesetzt und wirken liquiditätsabschöpfend.[58]

---

[55] Vgl. Cezanne, W. (2002), S.418.
[56] Vgl. Lippens, W. (2000), S. 118.
[57] Vgl. Buscher, H. et al.(2000), S.266.
[58] Vgl. EZB (2004), S.77.

4.2.2 Ständige Fazilitäten

Dies ESZB bietet den Geschäftspartnern an, in eigener Initiative Geld aufzunehmen oder anzulegen. Für die Geldmarktsteuerung unterscheidet das ESZB zwischen zwei ständig angebotenen Geschäften: die Spitzenfinanzierungsfazilität und der Einlagenfazilität. Sie werden dezentral von den NZB verwaltet.[59]

Die Spitzenrefinanzierungsfazilität ermöglicht den Banken Übernachtliquidität, das heißt für einen Tag, zu einem über dem Hauptrefinanzierungssatz liegenden Zins gegen refinanzierungsfähige Sicherheiten aufzunehmen. Der Zinssatz bildet prinzipiell die Obergrenze des Tagesgeldsatzes.[60]

Die Einlagefazilität bietet den Geschäftspartnern die Möglichkeit, bei den NZB über Nacht überschüssige Liquidität zu einem unter dem Hauptrefinanzierungssatz liegendem Zins anzulegen.[61] Dieser Zinssatz bildet die Untergrenze des Tagesgeldsatzes.

Die Zinsen für die ständigen Fazilitäten bilden den Zinskorridor für den Tagesgeldsatz.

4.2.3 Mindestreserven

Die Geschäftsbanken müssen bestimmte Prozentsätze, sogenannte Mindestreservesätze, an ihren reservepflichtigen Verbindlichkeiten bei dem ESZB als Einlage in Zentralbankgeld führen. Diese Mindestreserveguthaben werden mit dem durchschnittlichen Hauptrefinanzierungssatz verzinst.[62]

Die Herab- oder Heraufsetzung der Mindestreserve hat einen unmittelbaren Einfluss auf die Liquiditätslage der Banken. Die Senkung der Mindestreservesätze erweitert die Liquidität der Banken. Die Erhöhung der Mindestreservesätze hat die entgegengesetzte Wirkung.[63]

---

[59] Vgl. Volmer, U. (2004), S. 167.
[60] Vgl. Görgens, E. et al. (2004), S.228.
[61] Vgl. Görgens, E. et al. (2004), S.228.
[62] Vgl. EZB (2004), S. 79.
[63] Vgl. Volmer, U. (2004), S.154.

Die Mindestreserveguthaben wirken bei Liquiditätsschwankungen am Geldmarkt als Puffer, weil die Geschäftsbanken die Mindestreserveguthaben auch für ihren laufenden Zahlungsverkehr nutzen können und die Mindestreserve nur im Monatsdurchschnitt, nicht aber täglich erfüllen müssen. Sie können deshalb Liquiditätsausschläge durch ihre Mindestreserveguthaben ausgleichen und somit eine Stabilisierung der Geldmarktzinsen bewirken. Bei Nichteinhaltung der Mindestreserven können Sanktionen durch das ESZB ergriffen werden.[64]

---

[64] Vgl. EZB (2004), S.81.

5   Ausblick

Die EZB wird auch in Zukunft eine wichtige Stellung innerhalb der Europäischen Union einnehmen und ihre Reputation als unabhängige Hüterin der europäischen Einheitswährung behaupten. Die EZB ist dafür mit einem umfassenden Repertoire an geeigneten geldpolitischen Instrumenten ausgestattet worden, um ihre festgelegten Aufgaben und Ziele ordnungsgemäß zu erfüllen. Insbesondere der Aspekt der Unabhängigkeit der ESZB ermöglicht dabei eine preisniveaustabilitätsorientierte Geldpolitik.

Jedoch sollte sie in Zukunft versuchen im Rahmen ihrer geldpolitischen Strategie folgenden Mangel zu berücksichtigen: Das Geldangebot ist nicht vollständig durch das Eurosystem kontrollierbar. Dadurch ergibt sich beispielsweise der Nachteil, dass die EZB zwar die Geldbewegung zwischen sich selbst und den Geschäftsbanken kontrollieren kann, nicht aber die Geldmenge, die die Privaten Haushalte als Einlagen im Bankensystem halten.[65]

Im Zuge der europäischen Integration wurde indes schon das Abstimmungsverfahren der Beschlussorgane angepasst, um die Funktionsfähigkeit der EZB zu gewährleisten. Die Zukunft wird zeigen, inwieweit die organisatorische Struktur der EZB die zunehmende Anzahl an Teilnehmerstaaten im Eurosystem bewältigen wird.

Die durch die amerikanische Immobilienkrise ausgelösten Ereignisse an den Geld- und Kapitalmärkten haben jedoch gezeigt, wie wichtig eine stringente und transparente Geldpolitik der EZB ist, um die Marktteilnehmer zu beruhigen und die Funktionsfähigkeit der Finanzmärkte zu gewährleisten.

Die EZB soll deshalb ihren auf Preisstabilität fokussierten Kurs fortsetzen!

---

[65] Vgl. Görgens et al. (2004), S. 239.

Literaturverzeichnis

Buscher, H., Dornau, R., Heinemann, F., Köke, J., Schröder M., Steiger, M.(2000): Europa Handbuch, 4. Auflage, Bonn 2000

Cezanne, W. (2002): Allgemeine Volkswirtschaftslehre, 5.Auflage, München 2002

Duisenberg, W. (1999): "The Eurosystem's monetary policy strategy", Rede vom 11.10.1999 in Paris

Duwendag, D., Ketterer, K.-H., Kösters, W., Pohl, R., Simmert, D. (1999): Geldtheorie und Gelpolitik in Europa, 5.Auflage, Berlin 1999

EG (1992): Vertrag über die Europäische Union, (92/ C 191/01)

EG (1992): Protokoll über die Satzung des Europäischen Systems der Zentralbanken und der Europäischen Zentralbank, (Nr. C 191/68)

EZB (2004): Die Geldpolitik der EZB, 2. Auflage, Frankfurt am Main 2004

Görgens, E., Ruckriegel, K., Seitz, F. (2004): Europäische Geldpolitik, 4. Auflage, Stuttgart 2004

Hahn, F., Mooslechner, P. (1999): Zur Fundierung des Designs des ESZB, in: WIFO Monatsberichte 1/1999, S. 49-60

Liebscher, K. (1999): Stabilitätsauftrag und Zentralbankunabhängigkeit, in: Welteke, E., Simmert, D. (Hrsg.), Die Europäische Zentralbank, 1. Auflage, Stuttgart 1999, S.73-93

Lippens, W. (2000): Im Kreislauf der Wirtschaft, 13. Auflage, Berlin 2000

Schmid, P., Reischle, J. (2004): Geld &Geldpolitik, Ausgabe 2004/2005, Gelsenkirchen-Buer 2004

Smits, R. (1997): The European Central Bank, 1. Auflage, Den Haag 1997

Volmer, U. (2004): Geld- und Währungspolitik, 1.Auflage, München 2004

Weidenfeld, W. (2002): Wirtschaft heute, 1. Auflage, Bonn 2002